Dedication

I dedicate this book to my children's differences, some are biracial, one autistic, some female, some male, all are shades of various skin tones— all are intelligent, friendly, smart, beautiful, loving and different.

Dedicatoria

Dedico este libro a las diferencias de mis nietos, unos son de origen birracial, uno autista, mujeres, hombres, todos tienen distintos colores de piel — todos son inteligentes, amigables, astutos, hermosos, cariñosos y diferentes.

Copyright

Copyright is © 2021 Ruffles

Copyright es © 2021 Ruffles

dIFFERENCE
RACE   RACISM   RACIST
BOOK 1 – A CHILDREN'S BOOK

dIFFERENCIAS
RAZA   RACISMO   RACISTA
LIBRO 1 – UN LIBRO PARA NIÑOS

Written by
Escrito por
Ruffles

Illustrated by
Ilustrado por
FolksnFables

Meet the 9 children who are in Ms. Boatwright's 3rd grade class at Vick's Elementary School in Springfield, North Carolina.

Conozca a los 9 niños que se encuentran en el 3er grado de la Srita. Boatwright en la Escuela Primaria Vick en Springfield, Carolina del Norte.

The children are Adam, Barb, Chun, Dayo, Ezra, Flower, Grace, Hasan and Isabella.

Los niños son Adam, Barb, Chun, Dayo, Ezra, Flower, Grace, Hasan e Isabella.

All 9 are the same because they are United States citizens.

Los 9 son iguales, porque son ciudadanos de los Estados Unidos.

They have some sameness and they have some differences.

Tienen algunas similitudes y tienen algunas diferencias.

Adam, Flower and Hasan are the same because they are from 3 states that have lots of snow. They moved to Springfield from 3 cold states.

Adam, Flower y Hasan son iguales porque son de 3 estados con mucha nieve. Se mudaron a Springfield de 3 estados fríos.

Adam is from Alaska, Flower is from South Dakota and Hasan is from Michigan.

Adam es de Alaska, Flower es de Dakota del Sur y Hasan es de Michigan.

Barb and Grace are the same because they were both born in Springfield.

Barb and Grace are different because Barb is White and Grace is African-American.

Barb y Grace son iguales porque nacieron en Springfield.

Barb y Grace son diferentes porque Barb es Blanca y Grace es Afroamericana.

Dayo and Grace look alike but Dayo was born in Africa and Grace was born in the United States.

Dayo y Grace se ven iguales pero Dayo nació en África y Grace nació en los Estados Unidos.

Ezra and Chun are the same because they are both boys. These boys are different because Ezra celebrates Hannuka and Chun is Buddhist.

Ezra y Chun son iguales Porque los dos son niños. Estos niños son distintos, porque Ezra celebra Hannuka y Chun es Budista.

Isabella and Grace are the same because they are both girls and their hair is the same color.

Isabella y Grace son iguales porque las dos son niñas y el color de su cabello es el mismo.

One way that Isabella and Grace are different is their hair. Grace has Afro puffs and Isabella's hair is straight.

Una forma en la que Isabella y Grace son distintas, también es su cabello. Grace tiene pufs Afro y el cabello de Isabella es lacio.

People are different in a lot of ways. People can be different because of their religion, the clothes that they wear, how they wear their hair, and their skin color can be different. Being different is not bad, you can learn a lot of new things. Treating someone different because of the color of their skin is bad.

Las personas son distintas de muchas formas. Las personas pueden ser diferentes por su religión, la forma en la que visten, cómo peinan su cabello, y el color de su piel puede ser distinto también. Ser diferente no es malo, podemos aprender muchas cosas. Tratar a alguien de forma distinta por el color de su piel, es malo.

All 9 children have some things that are the same and all 9 children have some things that are different.

Los 9 niños y niñas tienen algunas cosas que son similares y los 9 también tienen algunas cosas que son diferentes o distintas.

Chapter 2
Racism

Racism is when you treat a person badly because of the color of their skin. Racism is treating a person in a bad way because their skin color is brown, dark brown, or black.

Capítulo 2
Racismo

El Racismo es cuando tratamos mal a alguien, por el color de su piel. El racismo es tratar mal a una persona porque su piel es de color morena, oscura, o negra.

Adam looks different from Barb. Barb wears glasses. Adam does not wear glasses.

Adam y Barb no se ven iguales. Barb usa lentes. Adam no usa lentes.

Ezra looks different from Hasan. Both Hasan and Ezra wear a covering on their heads but he coverings are different. Hasan wears a kufi. Ezra wears a kippah.

Ezra y Hasan no se ven iguales. Tanto Hasan como Ezra utilizan algo en la cabeza pero las cubiertas son distintas. Hasan utiliza un kufi. Ezra utiliza una kipá.

Barb, Isabella and Grace look different because their skin colors are all different.

Barb, Isabella y Grace se ven distintas porque el color de su piel es distinto.

Flower and Isabella have similar skin color but they are different because their families to different things.

Both Isabella and Flower like to play instruments that rattle. Both of their instruments rattle but they are different.

El color de piel de Flower e Isabella es similar, pero son distintas porque sus familias hacen cosas diferentes.

Tanto a Isabella como a Flower les gusta tocar instrumentos que hacen ruido. Ambos instrumentos hacen ruido, pero son diferentes.

Isabella has a shaking instrument that rattles and is called a maraca. Flower has a shaking instrument that is used as a dance rattle. The instruments are different but used in similar ways.

Isabella tiene un instrumento que sacude, y se llama maraca. Flower tiene un instrumento que sacude, y se utiliza como un cascabel o sonajero. Los instrumentos son distintos, pero se usan de forma similar.

Grace and Dayo look similar but they are different.

Dayo is African and Grace is African American.

Grace y Dayo se ven similares, pero son diferentes.

Dayo es Africano y Grace es Afroamericana.

Treating a person badly because of the color of their skin is saying the color of their skin is bad. People do not decide the color of the skin. They are born with their skin color. Difference is okay, but it is not okay to treat a person in a bad way because of the color of their skin. Treating a person in a bad way because of the color of their skin is racism.

Tratar a una persona de mala manera por el color de su piel, es decir que el color de su piel es malo. Las personas no deciden de qué color será su piel. Nacen con el color de su piel. Las diferencias son buenas y están bien, pero no está bien tratar mal a alguien sólo por el color de su piel. Tratar a una persona de mala manera por el color de su piel, es racismo.

The 9 children in Ms. Boatwright's class do not treat each other different or in a bad way because they do not look the same. They do not treat each other in a bad way because the color of their skin is different.

Los 9 niños en la clase de la Srita. Boatwright no se tratan de forma distinta o de mala manera porque no se ven iguales. No se tratan mal unos a otros porque el color de su piel es diferente.

Chapter 3
Racist

A racist is a person who treats people in a bad way because of the skin color is brown, dark brown, or black.

None of the children in Ms. Boatwright's class treat the classmates different or in a bad way because they look different. They do not treat their classmates in a bad way because of the color of the skin. They do not treat their classmates in a bad way because their skin color is brown, dark brown, or black.

Capítulo 3
Racista

Una persona racista, es alguien que trata mal a las personas porque su piel es de color morena, oscura, o negra.

Ninguno de los niños en la clase de la Srita. Boatwright, trata a sus compañeros diferente o de mala manera porque se ven distintos. No tratan mal a sus compañeros por el color de su piel. No tratan mal a sus compañeros porque su piel es de color morena, oscura, o negra.

The 9 children in Ms. Boatwright's class learn from differences.

No one should be a racist.

Los 9 niños y niñas en la clase de la Srita. Boatwright aprenden de sus diferencias.

Nadie debería ser racista.

Chapter 4

Teachers can have discussions on the following:

Chapter 1:
Sameness
Difference
States/Geography (use maps)
International geographic locations (use Globe)
Weather
Human race
Race
Ethnicity
Friends

Capítulo 4

Los maestros pueden platicar de lo siguiente:

Capítulo 1:
Similitudes
Diferencia
Estados/Geografía (utilizar mapas)
Locaciones Geográficas Internacionales (utilizar Globo terráqueo)
Clima
Raza humana
Raza
Etnia
Amigos

Chapter 2:

Racism
Explore differences
Kufi
Kippah
Maraca
Prejudice
Discrimination
Culture

Chapter 3:
Racist
Explore treating people different because of how they look
Explore treating people different because of their skin color

Capítulo 2:

Racismo
Explorar diferencias
Kufi
Kipá
Maraca
Prejuicio
Discriminación
Cultura

Capítulo 3:
Racista
Explorar tratar a las personas de forma diferente por cómo se ven
Explorar tratar a las personas diferente por su color de piel

The End

El Fin